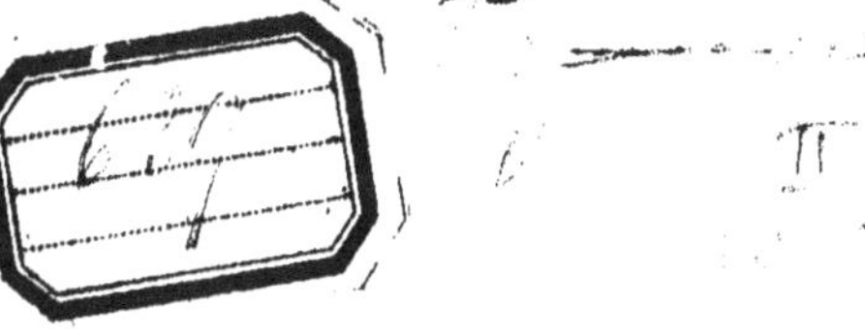

Succession de Monsieur X...

TABLEAUX

ANCIENS ET MODERNES

OBJETS D'ART ET DE CURIOSITÉ

TAPISSERIES

PARIS — 1913

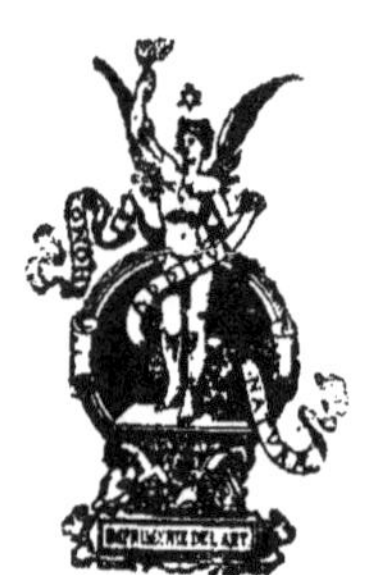
IMPRIMERIE DE L'ART

CATALOGUE

DES

TABLEAUX

ANCIENS ET MODERNES

Par :

VAN BALEN ET VAN KESSEL, N. DIAZ, E. LAMBINET, PARROCEL
VRANCX, ETC.

GRAVURES

OBJETS D'ART ET DE CURIOSITÉ

Porcelaines. Objets divers du Japon
Bronzes. Pendules

TAPISSERIES

Dont la vente, par suite du décès de Monsieur X...

AURA LIEU A PARIS

HOTEL DROUOT, SALLE Nº 7

LE JEUDI 30 JANVIER 1913

à deux heures

COMMISSAIRES-PRISEURS :

Mᵉ **PAUL BIZOUARD**	Mᵉ **HENRI BAUDOIN**
18, rue Duphot	10, rue Grange-Batelière

EXPERTS :

Pour les Tableaux :	*Pour les Objets d'art :*
M. J. FÉRAL	**MM. MANNHEIM**
7, rue Saint-Georges	7, rue Saint-Georges

EXPOSITION PUBLIQUE

Le Mercredi 29 Janvier 1913, de 1 heure 1/2 à 6 heures

CONDITIONS DE LA VENTE

Elle sera faite *au comptant.*

Les adjudicataires paieront *dix pour cent* en sus des enchères.

Paris. — Imp. de l'Art, Ch Berger, 41 rue de la Victoire.

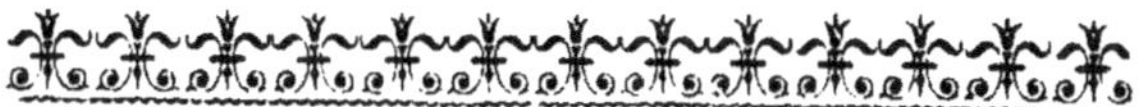

DÉSIGNATION

GRAVURES

AUGRAND (B.)

1 — *La Frileuse.*
   Gravure en couleurs.

FREUDEBERG (D'après Sigismond)

2 — *Le Petit jour.*
   Gravure, par Delaunay.

3 — Gravures anciennes et modernes, par ou d'après Bartholozzi, Fragonard, Perronneau, etc., etc.
   Ce numéro sera divisé.

TABLEAUX
ANCIENS ET MODERNES

BALEN (Jean Van) et KESSEL (Jean Van)

4 — *La Vierge, l'Enfant Jésus et sainte Anne en-*
tourés de fruits.

La Vierge est assise dans un paysage, portant sur
ses genoux l'Enfant Jésus qui reçoit de saint Jean une
grappe de raisin.

Au second plan, sainte Anne, debout, tient un livre
ouvert.

On remarque autour de la guirlande de fruits des
anges, des oiseaux et des petits animaux.

Bois. Haut., 86 cent.; larg., 69 cent.

CÉRAMANO (Charles)

5 — *Moutons sous bois.*

Toile. Haut., 65 cent.; larg., 91 cent.

DIAZ (Narcisse)

6 — *Ophélie.*

Une jeune femme blonde, les cheveux dénoués sur
le cou, en robe blanche, un manteau bleu drapé autour
de la taille, marche pieds nus au bord d'un étang, tenant dans le bras gauche une gerbe de fleurs.

Signé à gauche.

Toile. Haut., 32 cent.; larg., 24 cent.

HOUSSOT (Louis)

(DEUX PENDANTS)

7 — *La Promenade en bateau.*

8 — *Le Repos dans le parc.*

Bois. Haut., 9 cent.; larg., 16 cent.

LAMBINET (Emile)

9 — *La Route à travers champs.*

Des saules bordent un pré qui s'étend vers la gauche, et au bord duquel on remarque des paysans et une femme poussant deux vaches devant elle.

Signé à droite et daté : *1850.*

Toile. Haut., 74 cent.; larg., 1 m. 20 cent.

LANCRET (Attribué à Nicolas)

10 — *La Sérénade.*

Dans un parc, un Mezzetin, couvert d'un manteau rouge, est adossé contre le socle d'une statue et pince de la guitare.

Deux jeunes femmes et un gentilhomme sont assis sur un banc de pierre.

Toile. Haut., 64 cent.; larg., 80 cent.

MOLINS (A. de)

11 — *La Curée.*

Signé à droite.

Bois. Haut., 11 cent.; larg., 14 cent.

PARROCEL (Charles)

(DEUX PENDANTS)

12 — *La Fanfare.*

13 — *Le Coup de l'étrier.*

Toiles. Haut., 36 cent.; larg., 65 cent

VRANCX (Sébastien, dit Franck)

14 — *Un Convoi d'armée.*

A la suite d'une armée en marche, on remarque, au premier plan, des femmes et des enfants. Les unes sont chargées de bagages ou portent des nouveau-nés, d'autres accompagnent des blessés.

Au second plan, des hommes d'armes à pied et à cheval, et des chariots de munitions ou de vivres suivent une route qui se perd à gauche vers l'horizon.

Signé à droite du monogramme sur un sac.

Bois. Haut., 52 cent.; larg., 1 m. 02 cent.

ÉCOLE FRANÇAISE (XVIII° siècle)

(DEUX PENDANTS)

15 — *L'Amant couronné.*

Dans un paysage, un couple est étendu sur le gazon au bord d'un cours d'eau. La jeune femme, en robe blanche décolletée, est adossée sur les genoux de son compagnon et le couronne de roses.

1 5 et 16 — La Partie de musique.

Devant une cascade, une jeune femme en robe blanche, coiffée d'un chapeau à plumes, est assise à terre les bras ouverts ; elle semble chanter. Un gentilhomme, vêtu de bleu et accoudé sur un rocher, l'accompagne en jouant de la clarinette.

Toiles de forme ovale.

Haut., 60 cent.; larg., 50 cent.

Cadres en bois sculpté.

PORCELAINES, FAIENCES

17 — Plat creux en porcelaine de Chine, orné d'un
paysage animé de trois personnages et d'un
cavalier.

18 — Potiche à pans en porcelaine de Chine, décorée en bleu de rochers, d'arbustes et de fleurs.

19 — Deux vases à pans, avec couvercles, en porcelaine de Chine, ornés de personnages dans des
paysages.

20 — Quatre assiettes en ancienne porcelaine de
Chine, époque Kien-lung, présentant, au fond,
une scène d'intérieur animée de deux femmes et
de deux enfants.

21 — Deux assiettes en ancienne porcelaine de
Chine, époque Kien-lung, décorées, au fond, de
fleurs et d'un fong-hoang ; marli à quatre ré-
serves de fleurs.

22 — Petit plat en ancienne porcelaine de Chine,
époque Kien-lung, orné de rochers fleuris.
Étroite bordure à fond bleu.

23 — Deux plats variés en ancienne porcelaine de
Chine, époque Kien-lung, ornés chacun, au fond,
d'un vase fleuri ainsi que de quatre groupes de
fleurs au marli.

24 — Plat creux en ancienne porcelaine de Chine,
époque Kien-lung, orné, au fond, d'un vase de
fleurs et de motifs vermiculés à la chute.

25 — Deux brûle-parfums, formés chacun d'un bol
avec couvercle, en ancienne porcelaine de Chine
avec monture en bronze doré.

26 — Deux cornets en ancienne porcelaine de
Chine ; décor bleu d'animaux chimériques et de
fleurs.

27 — Potiche avec couvercle en ancienne porcelaine
de Chine, décorée en bleu d'un animal chimé-
rique et d'un oiseau ainsi que de branchages
fleuris.

28 — Plat en ancienne porcelaine de Chine surdé-
corée, orné d'oiseaux et de fleurs, avec compar-
timents d'animaux et fleurs au marli.

29 — Petit plat en ancienne porcelaine du Japon,
décoré en bleu, rouge et or d'un vase de fleurs.

30 — Plat creux en porcelaine du Japon, orné, au
fond, d'une habitation et de deux femmes.

31 — Deux potiches à pans, avec couvercles, en
porcelaine, décorées en bleu, rouge et or d'ha-
bitations, de fleurs et de lambrequins, de style
japonais.

32 — Deux cornets en porcelaine, décorés d'oiseaux, de fleurs et de lambrequins, de style
japonais.

33 — Jardinière oblongue en porcelaine, décorée en
bleu, rouge et or, de rochers et fleurs, de style
japonais.

34 — Deux vaches, debout, en ancienne faïence de
Delft, à décor de fleurs.

OBJETS DIVERS

35 — Miniature ovale : Portrait de femme décolletée. Signée : *Betoldi pin*. Époque Empire.

36 — Montre en or, ornée d'une peinture ovale sur
émail : Buste de femme, époque Louis XVI ;
avec châtelaine en or à stapule d'argent.

37 — Bénitier en argent repoussé, orné d'une cru-
cifixion et de cabochons de pierres de couleur.

38 — Petite boite en ivoire, ornée de fruits sur le
couvercle.

39 — Statuette en ivoire sculpté : Minerve debout.

40 — Groupe en ivoire sculpté : Saint Martin à cheval, partageant son manteau avec le mendiant.
XVIIe siècle.

BRONZES ET IVOIRES
DU JAPON

41 — Divinité assise sur un cerf en bronze du Japon.

42 — Chimère couchée en bronze du Japon.

43 — Grue en bronze du Japon.

44 — Deux vases en bronze du Japon; décor de branchages fleuris et d'oiseaux.

45 — Statuette de personnage barbu, assis, en bronze du Japon.

46 — Statuette de divinité, assise sur des rochers, en bronze du Japon.

47 — Brûle-parfums, avec couvercle, et sur trois pieds élevés, en bronze du Japon. Couvercle surmonté d'un poisson.

48 — Petit brûle-parfums avec couvercle ajouré et surmonté d'un chien de Fô, en bronze du Japon.

49 — Cerf, debout, en bronze de la Chine.

50 — Deux statuettes de femmes debout : Marchande de fruits et mousmé. Ivoire du Japon.

51 — Statuette de pêcheur, accroupi, en ivoire du Japon.

52 — Statuette de guerrier combattant un tigre. Ivoire du Japon.

53 — Statuette de guerrier, debout. Ivoire du Japon.

54 — Groupe : Personnage accompagné d'un enfant. Ivoire du Japon.

55 — Groupe : Jardinier accompagné d'un enfant. Ivoire du Japon.

56 — Petit groupe : Jeune femme et enfant portant chacun une poupée ou une divinité. Ivoire du Japon.

57 — Très petit groupe en ivoire du Japon : Personnage sur un char traîné par trois enfants.

58 — Petit groupe en ivoire du Japon : Personnage debout, accompagné d'un enfant et d'une grue.

59 — Groupe de trois personnages en ivoire du Japon, sur base en bois laqué, ornée d'une pagode en bois.

60 — Deux groupes, composés, l'un, d'un personnage accompagné de deux enfants ; l'autre, d'un personnage debout, portant un enfant sur l'épaule gauche. Ivoire du Japon.

61 — Huit netzukés en ivoire du Japon : souris, personnages, groupes, etc.

BRONZES, PENDULES

62 — Très petit cheval en bronze, de *Mène*. Signé.

63 — Statuette d'amour assis, tenant une aiguière et une coupe. Bronze.

64 — Petit buste de Molière en bronze.

65 — Petit buste en bronze de la Diane, de *Houdon*.

66 — Statuette en bronze : Mercure assis, mettant ses talonnières. D'après *Pigalle*.

67 — Petit buste en bronze, de Racine. *Maison Barbedienne*.

68 — Quatre bas-reliefs : Nymphes, d'après *Jean-Goujon. Maison Barbedienne*.

69 — Statuette en bronze : David vainqueur de Goliath, par A. *Mercié. Maison Barbedienne*.

70 — Statuette en bronze : le Chanteur florentin, de *Dubois. Maison Barbedienne*.

71 — Pendule en bronze doré, à cadran surmonté d'une lyre, ornée d'une statuette de Sapho. Commencement du xixᵉ siècle.

72 — Pendule en bronze doré, à cadran placé sur une base simulant une bibliothèque et ornée d'une statuette de femme assise, ainsi que d'un buste de personnage barbu. Époque Empire.

73 — Pendule en bronze doré, ornée d'une statuette de femme debout, vêtue à l'antique. Petit
vase sur le mouvement. Cadran signé : *Charles,
rue Saint-Honoré, 272.* Époque Empire.

74 — Pendule-borne et deux vases forme Médicis en
marbre et bronze doré. Époque Restauration.

75 — Deux flambeaux en bronze doré, à tiges
ornées de bandes fleuries en spirale. Époque
Restauration.

76 — Pendule et deux candélabres en marbre jaune
et bronze. La pendule est surmontée d'un
groupe : Bélisaire mendiant.

77 — Pendule en marbre vert, bronze doré et
bronze patiné, ornée d'une statuette de Justi-
nien assis.

78 — Deux candélabres à cinq lumières, à tiges-
balustres et pieds-griffes, en marbre vert et
bronze patiné et doré, pouvant accompagner la
pendule précédente.

79 — Deux flambeaux assortis aux candélabres
précédents.

80 — Cartel en bronze, surmonté d'un vase et orné
d'un mascaron et de guirlandes. Cadran signé :
Furet à Paris.

TAPISSERIES

81 — Tapisserie-verdure du xviiie siècle, présentant des paysans dansant dans la campagne.
Bordure à fleurs et oiseaux.

Haut., 2 m. 70 cent.; larg., 2 m. 45 cent.

82 — Tapisserie-verdure, présentant une rivière,
une habitation, un oiseau et des arbustes. Bordure à fleurs. xviiie siècle.

Haut., 2 m. 40 cent.; larg., 1 m. 30 cent.

83 — Tapisserie-verdure du xviiie siècle, présentant un écureuil. Bordure à fleurs et oiseaux.

Haut., 2 m. 65 cent.; larg., 1 m. 40 cent.

84 — Tapisserie-verdure du xviiie siècle, présentant
un cavalier poursuivant un cerf. Bordure à
fleurs, oiseaux et coquilles.

Haut., 2 m. 70 cent., larg., 2 m. 60 cent.

85 — Tapisserie moderne, présentant une cigogne et
un arbuste.

Haut., 2 m. 40 cent.; larg., 1 m. 15 cent.

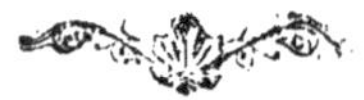